*Zeit*SPRÜNGE

Frankfurt-Bornheim

Zeit SPRÜNGE

Frankfurt-Bornheim

Günter Herbst

SUTTON VERLAG

Sutton Verlag GmbH
Hochheimer Straße 59
99094 Erfurt
http://www.suttonverlag.de

Copyright © Sutton Verlag, 2003

ISBN 3-89702-350-4

Druck: Midway Colour Print, Wiltshire, England

Der Festzug anlässlich des 11. Deutschen Turnfestes 1908 an der Berger- / Ecke Spessartstraße.

Inhaltsverzeichnis

Danksagungen — 6

Einleitung — 7

1. Rund um die Berger Straße — 9

2. Kirchen und Schulen — 23

3. Landwirtschaft und Gewerbe — 37

4. Gebürtige und Zugereiste — 53

5. Das Bornheimer „Stöffche" — 67

6. Feiern ist Tradition in Bornheim — 79

Danksagungen

Mit dieser Aufnahme aus dem Jahre 1914 wird der Quellennachweis aller historischen Fotos zu diesem Buch eine Danksagung an alle BornheimerInnen, die dem Autor bereitwillig ihre Privatarchive öffneten. Im Eingang zum Hof des Fachwerkhauses in der Großen Spillingsgasse 44, das längst einem Neubau weichen musste, steht Christoph Schmidt, der Urgroßvater von Hedi Tschierschke. Die Kommunalpolitikerin im Ortsbeirat der Gemeinde förderte wahre Bild- und Textraritäten aus der Sammlung ihres Vaters, Herrn Gottfried Koch, zu Tage, die sich quer durch dieses Buch ziehen.

Ein ganz besonderer Dank gebührt den nachstehenden Freunden des Stadtteils Bornheim: Heike Binder, Hans-Peter Brack, Hermann Braun und Karl-Heinz Becker vom „Freundeskreis Liebenswertes Frankfurt e.V.", Kilian Bumiller, Annelotte Buseck, Karl Cornel, Ernst Eberling, Gerhard Faller, Karin und Günter Frye, Josef Gaul, Karin Gnerlich, der Wirtin aus „Dago's Laternchen", Pfarrer Jochen Gollin von der Johanniskirche, Günther Grein, der Luthergemeinde und Pfarrer Reiner Haberstock, Hans-Günter Hallfart vom Frankfurter Denkmalamt, Inge und Dieter Hennefarth, Ingrid Heppert, Bert Kirchner, der Kirchnerschule mit ihrer Leiterin Birgit Hein-Schmidt, Dieter Müller, Carlo Munck, Ingrid Noll, Tobias Picard vom Institut für Stadtgeschichte, Johanna Rausch, Horst Richter, Werner Rohde, Dieter Schackert, Gerda und Gottfried Singer, Karl Solzer vom „Nassauer Hof", Adolf Steib, Richard Steinmetz von der Gemeinde St. Josef, Franz Steul sen., Ellen und Herbert Stier, der Turngemeinde Bornheim mit Silke Jackwitz und Alfred Fischer, Wacker's Kaffee und Hans Zülch, Regina Weinbrenner und Horst Westenberger.

Aus ihren Erzählungen, manchen vergessenen Alben und auf Dachböden eingestaubt lagernden Bildern, die zum Teil keine öffentlichen Sammlungen erreichten, setzen sich diese Zeitsprünge zusammen.

Einleitung

Bevor auf diesen ersten Seiten näher auf die bewegte Bornheimer Vergangenheit und Gegenwart eingegangen wird, müssen einige wenige Sätze zur Bildkombination des Einbandes und dem Foto auf Seite zwei vorangestellt werden. Sind sie doch typisch für die Abbildungen im Buch. Die Bilder zeigen hauptsächlich Menschen in ihrer Freizeit, in ihrem privaten sowie beruflichen Umfeld, wie sie leben und feiern. Daneben gibt es historische Stadtteilansichten mit Gebäuden und Straßenzügen.

Fast zeitgleich mit der Fertigstellung der neuen Turnhalle 1896 und mit den Einweihungsfeierlichkeiten vom 6. bis 8. Juni des gleichen Jahres gründete sich die erste Damen-Turnriege der Bornheimer Turngemeinde. Etwa um die selbe Zeit muss auch das Foto zum Einband dieses Buches entstanden sein, das im Hintergrund den Hallenneubau in der Gronauer Straße zeigt und davor die im züchtigen Wettkampfdress gekleideten Sportlerinnen. Einigermaßen ungewöhnlich für das ausgehende 19. Jahrhundert war, dass Frauen in die fast ausschließlich von Männern beherrschte Domäne des Sports eindrangen. Es zeigt aber auch die bis in die Gegenwart bestehende weltoffene und liberale Haltung der Bornheimer Bürgerinnen und Bürger. Modern und fortschrittlich gibt sich die Turngemeinde bis heute und kündigt im aktuellen Trainingsprogramm Thai Bo als den „heißesten Trend des Jahres" an. Es ist eine Fitness-Sportart, kombiniert aus Taekwondo und Boxen in Verbindung mit Aerobic-Elementen.

Ein spätmittelalterliches Wahrzeichen des Stadtteils ist die hoch im Norden gelegene Friedberger Warte, die zur Zeit ihrer Erbauung 1478 auch Bornheimer oder Vilbeler Warte genannt wurde. Man errichtete sie auf dem Eulenberg, an Stelle eines bereits um 1350 erwähnten hölzernen Wachturms. Als die Schelme von Bergen 1475 ihre Bornheimer Rechte an Frankfurt verkauften, diente sie als Festungsbau, zusammen mit einer um das Dorf gezogenen Landwehr, um den Norden und Nordosten der Stadt gegen den Zugriff der Grafen von Hanau und anderer Angreifer zu schützen. Wechselvolle Jahrhunderte – mit einem Brand 1634, der Wiederherstellung im Jahre 1637, dem Umbau des Turminneren zu einem Entlüftungsschacht für das städtische Kanalnetz 1895 und den Bombennächten des Zweiten Weltkrieges – überdauerte das spätgotische Gebäude bis heute. Das Foto auf Seite zwei zeigt die Warte 1914 mit ihren Außenmauern, Wohnhäusern und dem grünen Innenhof noch ziemlich verschlafen im Dreieck der Wege in nördliche Richtung nach Bad Homburg und Friedberg. Selbst die Dortelweiler Straße nach Süden, vorbei am Bornheimer Friedhof ins „Dorf", war nur ein besserer Spazierweg. Gegenwärtig trotzt dieses romantisch anmutende Bauwerk nicht mehr angriffslustigen Feinden, sondern muss sich, eingezwängt in Leitplanken und mit einem Autobahnzubringer im Rücken, der vorbeirauschenden Fahrzeuge eines der verkehrsreichsten Knotenpunkte Frankfurts erwehren. Im Innern des engen Mauerpanzers herrscht wohltuende Ruhe. Der schattige Hof und die rustikale Gaststätte laden zum Verweilen ein.

Viele Erzählungen über Bornheim lassen die Vermutung zu, dass schon im 6. Jahrhundert eine fränkische Siedlung als „Heim des Bruno" existierte. Allerdings gibt es keine Aufzeichnungen darüber, wer dieser „Bruno" war. Er könnte ein vom König eingesetzter Hofgut-Verwalter gewesen sein. Erstmals gegen Ende des 12. Jahrhunderts wird ein Ritter mit Namen „Henricus de Burnheim" oder auch „de Borneheim" schriftlich erwähnt, der die von Wasser umgebene Bornburg bewohnte. Über viele Jahrhunderte hinweg wechselte dieses befestigte Hofgut immer wieder seine Besitzer, bis es schließlich 1690 der wohlhabende und skrupellose Geschäftsmann Johann Jakob Günther erwarb. Seinen Namen trägt die grüne Oase am Rande Bornheims bis heute, obwohl die späteren Besitzer Meyer Amschel und Meyer Carl von Rothschild, Vater und Sohn, den Günthersburgpark anlegen und die baufällige Bornburg abreißen ließen.

Seit jeher streiten sich insbesondere alteingesessene Bornheimer und Nordendler, ob sie nicht doch alle zusammen „Bernemer" sind. Die derzeitigen Stadtgrenzen trennen die Bürger jedoch klar in die Bezirke Bornheim und Nordend. Eine solche Unterscheidung kannte man vor der Eingemeindung Bornheims zur Stadt Frankfurt im Jahre 1877, die sich 2002 zum 125. Mal gejährt hat, noch nicht. Zu jener Zeit gehörten große Teile des heutigen Nord- und Ostends, die damals auf keiner Landkarte zu finden waren, zur Gemarkung Bornheim. Diese heutige Kontroverse hat jedoch für das Buch den Vorteil, dass auch einige sehenswerte historische Abbildungen aus dem Nordend zu sehen sind.

Als im frühen 16. Jahrhundert die von reformatorischer Euphorie geprägten Frankfurter dringend Bau- und Brennmaterial benötigten, verhinderte der papsttreue Erzbischof von Mainz die Holzzufuhr aus dem Spessart nach Frankfurt. Die geschäftstüchtigen Bornheimer schlugen ihre Wälder ein und verkauften das Holz an die Stadt. Die freien Flächen verödeten und wurden zur „Bornheimer Heide". Die traditionsreiche „Heide" war Jahrhunderte lang Schauplatz kriegerischer Auseinandersetzungen, aber auch gesellschaftlicher Ereignisse. Nicht zuletzt deshalb wird die Standortbestimmung der heimatverbundenen Bürger dieses Stadtgebietes immer noch mit „wir befinden uns auf der Bornheimer Heide" umschrieben. Wo einst Feldwege und die berühmte Pappelallee die Besucher zur Wanderung nach Bornheim einluden, entstanden später die Wochenendresidenzen und Gartenhäuser der reichen Frankfurter Bürger, allen voran die wohlhabenden Kaufleute Oppenheimer und Weil. Sie nutzten 1872 den kurzen Aufschwung der Gründerzeitjahre und kauften die Bornheimer Heide. Die damaligen Spaziergänger gingen von der Friedberger Anlage auf dem Frostkellerweg bis zur Merianstraße. Den Feldweg kennt man erst ab 1859 als Berger Straße, die hier an der Außenmauer des idyllisch gelegenen Bethmannparks beginnt. Auf dem stetig ansteigenden Berg hinauf in Richtung Norden hießen sie noch Gelnhäuser Straße und Seckbächer Gasse. Erst nach der Eingemeindung wurden auch sie in Berger Straße umbenannt. Heute ist sie das pulsierende Herzstück dieses malerischen Stadtteils und wird von ihren Anwohnern liebevoll „Bernemer Zeil" genannt. Viele kleine und mittlere Geschäfte, meist Familienbetriebe, durchsetzt von Kneipen, Restaurants, Cafés und Apfelweinwirtschaften prägen das Straßenbild. Besonders die beiden Wochenmarkttage, jeweils Mittwoch und Samstag am Uhrtürmchen, sind typisch für die multikulturelle Vielfalt und aufgeregte Betriebsamkeit im „lustigen Dorf".

Die den alten Aufnahmen in diesem Buch gegenübergestellten heutigen vergleichbaren Ansichten und Situationen können manchmal nur von symbolischem Charakter sein. Denn der Blickwinkel ist zugestellt oder die Zeit und die beiden Weltkriege sowie die Moderne haben tiefe Spuren hinterlassen. Geblieben allerdings ist den „Bernemern" die spannende Suche nach ihren Vorfahren und ihrem Lebensraum in der Vergangenheit.

1
Rund um die Berger Straße

Die Berger Straße, wie sie sich zu Beginn des 20. Jahrhunderts zeigte, werden wohl nur wenige der heutigen Anwohner selbst miterlebt haben. Trotzdem ist diese Aufnahme der Gastwirtschaft „Zum schwarzen Hirsch" an der Ecke zur Großen Spillingsgasse auch den Jüngeren ein vertrauter Anblick, weil sie in vielen Veröffentlichungen über Bornheim zu sehen ist. So auch hier, weil das um 1920 entstandene Foto wie kaum ein anderes den dörflichen und gemütlichen Charakter des ganzen Stadtteils widerspiegelt. Etwa drei Jahre später musste Gastwirt Georg Geist sein Lokal schließen; 1933 wurde das Haus abgerissen. Die erst 1955 entstandenen Neubauten verwandeln den damals ländlichen Anblick jetzt in die übliche Zweckmäßigkeit der Nachkriegszeit. Beginnen wir die „Zeitsprünge" mit einem Streifzug von der unteren Berger Straße am Merianplatz, bis hinauf fast an die Grenze nach Seckbach zur Wöllstädter Straße.

Frankfurts Mundartdichter Friedrich Stoltze (1816-1891), Herausgeber von Krebbelzeitungen und der politisch-satirischen „Frankfurter Latern", hatte Recht, als er sich über die Philosophennamen der Straßen rund um den Merianplatz mokierte. Er meinte zu den hier auf der ehemaligen Bornheimer Heide entstandenen Straßen, die nach Herder, Hegel, Kant oder Schopenhauer benannt sind, „wo Keu un Säu erumgeloffe sin un mehr Schoppestecher als Schopenhauer umherwannelten", sollte man die Straßennamen eher dem besten Apfelweintrinker oder der besten Kuchenbäckerin aus Bornheim widmen. Die Veränderungen zwischen den frühen Fünfzigerjahren und heute sind deutlich zu erkennen. Der Autoverkehr spielte noch keine Rolle. Heute sind die Bombenlücken des Zweiten Weltkriegs zwischen den Gründerzeithäusern geschlossen und die kleinen Geschäfte geblieben. Die begrünte und verkehrsberuhigte Shoppingmeile scheint eine Gasse geworden zu sein.

Etwas weiter nördlich vom Merianplatz, an der Schellingstraße, macht die Trambahnlinie 2 gemütlich Fahrt in Richtung Höhenstraße. Dem Nachkriegsfoto von 1954 kann man Ähnlichkeiten mit der fast zehnjährigen Leidenszeit der Anwohner während des U-Bahnbaus zwischen 1971 und 1980 abgewinnen. Einen eher symbolischen Vergleich zeigt das heutige Treiben nahe der U-Bahnstation Höhenstraße. Knapp zehn Minuten benötigt die U4, die in doppelstöckigen Tunnelröhren unter der Berger Straße hindurch läuft, in unseren Tagen vom Hauptbahnhof zur Endstation nach Seckbach. Kein Vergleich mit der ersten Pferdebahn 1879 und der früheren Tram, deren Elekrifizierung in Richtung Bornheim 20 Jahre später begonnen wurde.

Über den Luisenplatz erreicht man die im östlichen Nordend gelegene Feuerwache in der Burgstraße. Als Burggasse wird sie schon 1843 erwähnt und führte parallel zur heutigen Berger Straße zur Bornburg, dem Stammsitz der Ritter von Bornheim. In der Feuerwache nahm 1894 die zweite Frankfurter Berufsfeuerwehr ihren Dienst auf. Nur wenig jünger ist das Foto aus dem Jahre 1903. Es zeigt einen „zwei PS" starken Löschzug mit der berühmten Schapler-Leiter vor dem Wachvorsteher- und Bürogebäude. Schon 1892 erfand der damalige Branddirektor Schapler die weltweit erste Drehleiter mit Pneumatik. Im Zweiten Weltkrieg wurde der Dachstuhl des Wachgebäudes bei einem Luftangriff zerstört. Für die engen Straßenverhältnisse der umliegenden Stadtteile ist heutzutage eines der modernsten Löschfahrzeuge mit lenkbarer Hinterachse wichtig. Der Korb an der Drehleiter erreicht eine Höhe von bis zu 30 Meter.

Die nach Natur und Stille klingenden Straßennamen der Eichwald-, Scheidswald- und Buchwaldstraße erinnern noch an die beiderseits der Berger Straße gelegenen Bornheimer Wälder. Verlässt man die Burgstraße in südöstliche Richtung auf der Eichwaldstraße, begegnen wir an der Ecke zur Berger Straße dieser eindrucksvollen Baustelle der St.-Josefs-Kirche aus dem Jahre 1931. Mit einem 21 Meter langen Schwenkmast wird gerade ein Unterteil der Turmhauptstützen von dem Lkw abgeladen, um sofort auf sein Fundament versetzt zu werden. In den wirtschaftlich schwierigen Zeiten zu Beginn der Dreißigerjahre war es eine mühevolle Aufgabe für die katholische Gemeinde mit ihrem Pfarrer Josef Höhler, den Kirchenneubau zu verwirklichen. Inmitten des prallen Lebens auf der „Bernemer Zeil" verdeckt heute das imposante Bauwerk die wesentlich ältere kleine Pfarrkirche und den romantischen Innenhof.

Kurz vor der Ecke Wiesenstraße liegt der „Schützenhof", hier aufgenommen um 1905. Ein Haus nicht nur mit Bornheimer, sondern auch Frankfurter Geschichte und Tradition. Adolf Steib, Jahrgang 1920, von den „Bernemern" liebevoll „Adi" gerufen, ist ein hellwacher Kenner der Stadtteil-Historie und noch heute hier zu Hause. Sein Großvater, der das Anwesen bereits 1878 erwarb, und später sein Vater brachten den „Schützenhof" schon vor dem Ersten Weltkrieg zur vollen Blüte und machten ihn zum Treffpunkt vieler Bornheimer Vereinsfeierlichkeiten. Nach 1945 nutzten sogar die Städtischen Bühnen die „Schützenhof-Säle" für ihre Kulissenmalerei und das Varietee „Palette" hatte damalige Show-Größen wie Gert Fröbe, Peter Igelhoff, Wolfgang Neuss, Evelyn Künneke oder Peter Frankenfeld zu Gast. Der Platz am Uhrtürmchen hat heute kaum Ähnlichkeit mit jener Zeit.

An der Ecke Mainkurstraße, wo die Arnsburger in die Berger Straße mündet, schlägt das Herz Bornheims. Am Uhrtürmchen und der Drehscheibe, einst Wendepunkt der Pferde-Tram und der Elektrischen für die Fahrt zurück in die Stadt, gibt es bereits seit 1855 die älteste Apotheke des Stadtteils. Kaum jemand kennt heute noch den Bornheimer Sportclub „Hertha-Weißblau". Neben dem Jubiläums-Automobil steht 1935 Fritz Herbener, besser unter dem Namen „Dicker Fritz" bekannt, ein Symbol Bornheims und des Hertha-Konkurrenten FSV in den Zwanzigerjahren. Die Gaststätte neben der Arnsburg-Apotheke trägt heute noch seinen Namen. „Zum Dicken Fritz" war der Treffpunkt alter Bornheimer und Riederwälder Fußballherrlichkeit, als die Derbys „schwarzblau" gegen „weißschwarz" deutsche Fußballgeschichte schrieben. In seinem Lokal war sonntags ein telefonischer Fußball-Ergebnisdienst eingerichtet. Bis heute symbolisiert die Rufnummer 43„1925" das Jahr des legendären Endspiels um die deutsche Fußballmeisterschaft zwischen dem FSV und dem Nürnberger Club.

Getrost kann man den Hohen Brunnen als Wahrzeichen des „lustigen Dorfes" betrachten. Besonders im Jahr 2002 stand er anlässlich seines 175-jährigen Bestehens im Mittelpunkt vieler festlicher Veranstaltungen. Bei solchen Gelegenheiten wird den Feiernden der Dorfschultheiß Philipp Adam Rühl in Erinnerung gerufen. In seinem barocken Fachwerkhaus weiter oben in der Berger Straße 314, das gleichzeitig als Rathaus diente, überzeugte er 1827 seinen Gemeinderat, diesen obeliskartigen, aus rotem Mainsandstein hergestellten Brunnen zu bauen. Damit war die zentrale Wasserversorgung für die damals 2.000 Dorfbewohner sichergestellt. Das mühsame Heranschleppen der nassen Kostbarkeit von der weit entfernt liegenden Gemarkungsgrenze hatte ein Ende. Leider verlor der im Dreieck Löbersgasse, jetzt Alt Bornheim, Gronauer- und Berger Straße gelegene Platz seinen dörflichen Charakter, wie die Momentaufnahmen von 1910 und heute zeigen.

Wo die schmal gewordene Berger Straße nach dem Hohen Brunnen eine leichte Biegung nach links macht, stehen wir an der Geburtsstätte der Bernemer Fassenacht im Jahre 1888. Sogar die SPD hielt hier 1894 einen ihrer ersten Parteitage ab. Außer dem Schriftzug „Weiße Lilie" und dem gemütlichen Lokal deutet nichts mehr auf die glorreiche Vergangenheit dieses nach 1912 neu entstandenen Wohnhauses hin. Das noch vor dem Abriss zu Beginn des vorigen Jahrhunderts entstandene Foto zeigt die „Weiße Lilie" als eines der ältesten und größten Ballhäuser Frankfurts. Bis zu 30 Musiker umfassten die zum Tanz aufspielenden Orchester. Für den Besuch der berühmten Tanz- und Blumensäle standen schon am Hauptbahnhof die Pferdekutschen mit dem Hinweis bereit: „Zur Weißen Lilie mit täglich frisch gewachstem Parkett".

Ein trauriges Kapitel Frankfurter Denkmalschutzpflege zeigt der Blick in den „Langen Hof" an der Einmündung der Großen Spillingsgasse in die Berger Straße von 1910 und in der Gegenwart. Eingeweihte wissen, dass es im „Pfannenkuchen-Hofmann"-Haus nicht nur wohlschmeckende Eierkuchen gab, sondern auch weit über 400 Jahre alte Fundamente und Keller. Es ist nachgewiesen, dass das nicht mehr existierende historische Vorderhaus 1770 auf den teilweise noch vorhandenen Grundmauern aus dem Jahre 1589 erbaut wurde. Umso unverständlicher ist die Zögerlichkeit städtischer Behörden. Sie verschleppen seit Jahrzehnten die sinnvolle Nutzung der wohl ältesten Bornheimer Bausubstanz. Das „Pfannenkuchen-Hofmann"-Haus wurde während des Zweiten Weltkriegs zerstört.

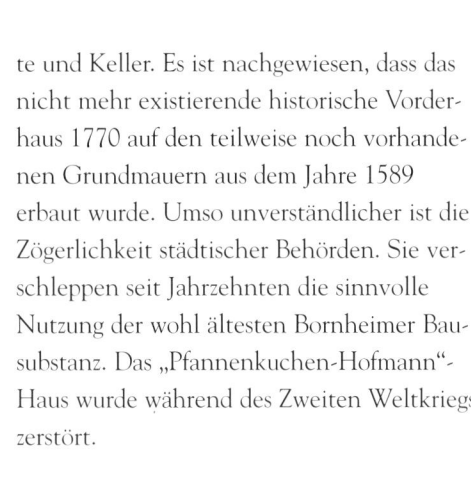

Der aktuelle Streit um Erhaltungssatzung oder Denkmalschutz städtischer Planer reduziert sich zu einer wehmütigen Betrachtung der Großen Spillingsgasse hinunter zum Langen Hof. Es erinnert kaum noch etwas an die Zeit um 1910. Den Platz für spielende Kinder verstellen heute Autos und die hübschen Fachwerkhäuser sind zweckmäßigeren Bauten gewichen. Es kann aber auch möglich sein, dass die Dorfbewohner zu Beginn des 20. Jahrhunderts ihrer Vergangenheit nachgetrauert haben. Denn bevor das Versprechen der Großstadt eingelöst wurde, den Bornheimern nach der Eingemeindung gepflasterte Straßen und Gehsteige zu spendieren, säumten Pflaumenbäume die Gasse, deren gelbe Früchte die Anwohner Spillinge nannten. Schon 1695 musste sich Johann Maximilian von Holzhausen, der damalige Besitzer des Langen Hofes, mit Ämtern auseinandersetzen, um das Bierbrauer- und Herbergsrecht zu bekommen.

Der fantastische Rundblick über Bornheim und die Frankfurter Skyline entschädigt für die mühselige Besteigung des Turms der Johanniskirche. So ähnlich muss es auch der Fotograf um 1930 empfunden haben, als er dieses Häuser-Ensemble an der Ecke Große Spillingsgasse und Alt Bornheim aufnahm. Sein Motiv waren die zum Ende des 18. und zu Beginn des 19. Jahrhunderts entstandenen Gebäude, die zum Teil noch am rechten Bildrand beider Fotos zu vergleichen sind. Auf dem Hof mit der Wäscheleine befand sich Pflugs Garten. Der kleine, gedrungene Louis Pflug musste seinen Spitznamen dafür hergeben, als in seiner Wirtschaft die Bornheimer Karneval Gesellschaft „Stutzer" 1910 gegründet wurde. Mit den Neubauten bemüht man sich, die alten Fachwerkhäuser nachzuempfinden. Dies gilt allerdings nicht für das auf dem ehemaligen Pflug'schen Anwesen stehende Gleichrichterwerk, das noch Teile der Straßenbahnlinie 12 mit Strom versorgt.

Dieser Sechserzug der Binding-Brauerei wird um 1950 von seinem Gespannfahrer Willi Henrich, links oben auf dem Bock, geschickt von der Wöllstädter Straße in die Seckbacher Landstraße kutschiert. Er war der Letzte seiner Zunft, als im Mai 2000 die ab 1960 nur noch für Werbezwecke eingesetzten Festgespanne in den Ruhestand gingen. Auch der 35 Jahre lang im Bernemer Kerbezug mitfahrende „Binding-Willi" setzte sich im Alter von 68 Jahren zur Ruhe, aber nicht ohne das letzte Gespannpferd mitzunehmen. „Rosi" brachte jetzt noch ein Fohlen zur Welt, um dem „Mann der Gespanne" ein abwechslungsreiches Rentnerdasein zu bescheren. Heute sind an dieser Ecke mehr Pferdestärken angesagt als damals. Auch wenn hier oben die Bornheimer „Feier-Meile" am Grenzübergang nach Seckbach endet, wird sich die Berger Straße weiterhin durch die nachfolgenden Kapitel schlängeln.

2

Kirchen und Schulen

„Was tönt gewaltig durch die Gassen?
Was jauchzt dem Herrn in vollem Chor?
Mein Herz kann kaum die Freude fassen,
die klanggewaltig bricht hervor!
Es dröhnt zum ersten Male heute
der neuen Glocken Festgeläute!"

Die erste Strophe aus den Versen von Gustav Weller soll nicht nur dieses Kapitel einläuten, sondern auch das Foto aus dem Jahre 1922 klangvoll hervorheben. Schon im Ersten Weltkrieg wurden Kirchenglocken für Kanonen eingeschmolzen. Hier am Anfang der Berger Straße, am Eingang zum früheren Sommersitz der Bankiersfamilie von Bethmann, wurden die neu gegossenen Glocken der Lutherkirche anlässlich ihrer Weihe am 2. Juni 1922 feierlich der Öffentlichkeit vorgestellt. Nicht von ungefähr wählte man diesen noch heute idyllischen Ort, wo einst Goethe und der Preußenkönig Friedrich gern gesehene Gäste waren. Sogar Napoleon verbrachte 1813 seine letzte Nacht in Deutschland im Bethmann-Haus. Auch wenn es um ideelle oder materielle Unterstützung der Luthergemeinde ging, hatten die Bethmanns immer ein offenes Ohr. Mischen wir einige Kirchenansichten mit ihren Gläubigen sowie fröhliche Kindergesichter und ihre Schulen aus Bornheim und dem Nordend in bunter Reihenfolge für dieses Kapitel zusammen.

Was hat die zweite Bornheimer Volksschule, die aus ihrem 1889 neu erbauten Haus in der Löwengasse schon 1897 als Brentanoschule in die Arnsburger Straße umziehen musste, mit der „Familie Hesselbach" zu tun? Auf den ersten Blick sieht man nur die Erstklässler aus dem Jahre 1954. Beim näheren Hinschauen aber erkennt man in der zweiten Reihe von oben als dritten Schüler von links Dieter Schwanda. Er spielte zu Beginn der Sechzigerjahre den „Lehrbub Rudi" in der damaligen Fernseh-Kultserie „Firma Hesselbach". Die Azubis der heutigen Stauffenberg-Berufsschule lernen so exotisch klingende Ausbildungsberufe wie Handelsfachpacker oder wollen Kaufleute für audiovisuelle Medien werden. Schon das würde der 1996 verstorbenen Liesel Christ als „Mama Hesselbach" ihren sprichwörtlich gewordenen Seufzer „Kall, mei Droppe" entlocken.

Als die Brentanoschule 1889 ihren Neubau in der Löwengasse bezog, feierte die Bornheimer Bürgerschule schon ihr 25-jähriges Jubiläum. Sie führte künftig den Namen Kirchnerschule, benannt nach dem Frankfurt-Chronisten, Theologen und Förderer des Schulwesens Anton Kirchner (1779-1834). Der Ursprung dieser ersten Bornheimer Schule reicht allerdings bis in das Jahr 1606 zurück. Auf dem Grundstück des einstmals berühmten Gasthofs „Zum Goldenen Löwen", in dem sich Frankfurter Literaten wie Wilhelm Hauff, Heinrich Heine und Ludwig Börne trafen, wurde 1864/65 das als modern und vorbildlich geltende Schulgebäude in der Berger Straße 268 erbaut. Die zu Beginn des 20. Jahrhunderts und heute entstandenen Aufnahmen ähneln sich nur im Winter. Riesige Platanen- und Kastanienbäume verstecken im Sommer die Kirchnerschule hinter einem grünen Vorhang.

Fast fünfzig Jahre liegen zwischen den Schulanfängern mit Fräulein Neumann 1952 und den Abc-Schützen von Frau Rosenbaum im 3. Jahrtausend. War damals die wohlgeordnete Nachkriegsgeneration vor der baufälligen Kirchnerschule interessant, gilt das heutzutage für die zusammengewürfelte multi-kulturelle Kinderschar an gleicher Stelle. Der „dicke Anton", wie der Namensgeber der Schule von Lehrern und Schülern liebevoll genannt wird, hätte seine helle Freude an dem internationalen Sammelsurium. Zu seinen Lebzeiten vor gut 200 Jahren setzte er sich vehement für Arme und Fremde ein und machte keine Unterschiede im Umgang mit Menschen anderen Glaubens. Kirchners Ideen finden bis heute Eingang in den Unterricht der Grundschul-LehrerInnen. Sie vermitteln den etwa 400 Mädchen und Jungen aus 33 Nationen die traditionelle Bornheimer Toleranz.

Dieses einfache Foto aus dem Jahre 1959 verdeutlicht den kleinen Grenzverkehr zwischen zwei Stadtteilen. Von der Hartmann-Ibach-Straße aus dem Nordend kommend, hat der Bäckerbursche gerade die Burgstraße überquert und ist hier in Höhe der Bornheimer Petterweilstraße auf dem Weg zu seiner Backstube in der Wiesenstraße. Im Hintergrund zeigt die aktuelle Aufnahme deut-

licher den prachtvollen Komplex der 1906 gemeinsam eröffneten Günthersburg- und Comeniusschule. Seit in den ehrwürdigen Gebäuden auf der alten Bornheimer Bleiche 1991 Eltern, Lehrer und Schüler alte Zöpfe des Schulsystems abgeschnitten haben, begleiten engagierte Lehrer mit ihrem experimentellen Unterricht die Schüler bis zur zehnten Klasse. Wenn heute das Konzept der Ganztagsschulen in aller Munde ist, hier wird es in der Integrierten Gesamtschule Nordend seit über zehn Jahren praktiziert.

Als Mitte der Zwanzigerjahre das Foto dieser Mädchenklasse des Jahrgangs 1912 entstand, wurde in der heute so fortschrittlichen IGS Nordend noch streng nach Geschlechtern getrennt unterrichtet. Die südlich des gleichnamigen Parks gelegene Günthersburgschule für Knaben und die spiegelbildlich gegenüber liegende Comeniusschule für Mädchen hatten einen gemeinsamen Schulhof. Allerdings ist eine Trennungslinie, die den jungen Damen und Herren damals verbotenes Territorium anzeigte, auf dem heutigen Bild nicht mehr zu erkennen. Im Gegenteil, die Urenkel der ehemals auf Distanz gehaltenen Schüler und Schülerinnen machten sich gemeinsam auf den Weg und gewannen den 2002 bundesweit ausgetragenen Wettbewerb „Spuren suchen – Brücken bauen" zum Thema Zwangsarbeit in Frankfurt während des Naziregimes.

Es ist nur ein Katzensprung von diesen beiden stattlichen Gebäuden zu dem ziemlich ungepflegten Vorplatz mit dem hübschen schmiedeeisernen Eingangsportal zum Günthersburgpark. Beim Anblick des ältesten Frankfurter Bürgerparks, mit seinem riesigen, zum Teil 150 Jahre alten Baumbestand, lässt sich mit viel Fantasie ahnen, dass hier die von Wassergraben und Zugbrücke geschützte mittelalterliche Bornburg stand. Die Wiege Bornheims könnte im Rücken des Fotografen gestanden haben, der die Blechbläser im März 1950 anlässlich der Einweihung der evangelisch-reformierten Gnadenkirche ablichtete. Das der Rothschild'schen Orangerie nachempfundene, 1948 mit Steinen aus den Kriegstrümmern der zerstörten Kirche am Kornmarkt aufgebaute Gotteshaus ist letztes Zeugnis vergangener Epochen im Günthersburgpark.

Das 50-jährige Jubiläum der Gnadenkirche ist noch nicht allzu lange vorüber, da machen leere Kassen auch vor Glaubensgemeinschaften nicht Halt. Schwindende Resonanz und Kirchenaustritte zwingen die reformierte Gemeinde im Günthersburgpark ihr Gotteshaus an den Kinderschutzbund zu verkaufen. Sieht man den unter großer Anteil-

nahme vieler Bornheimer von Pfarrer Höhler und Kaplan Hamm angeführten Fronleichnamszug aus dem Park kommend an der Ecke Wiesen- und Petterweilstraße, hatte die katholische Kirche zumindest 1927 solche Probleme noch nicht. Die liebevoll geschmückte Häuserfront steht im krassen Gegensatz zu den gleichen Gebäuden unserer Tage. Macht man sich die Mühe und steigt die ausgetretenen Stufen hinauf bis unter den Giebel des kleinsten der drei Häuser, meint man im ausgehenden 19. Jahrhundert angekommen zu sein.

„Eigentlich ist unsere Kirche 1954 gebaut worden, weil man älteren Menschen den weiten Weg ins obere Bornheim zur Johanniskirche nicht zumuten wollte." So ähnlich formulieren heutzutage die Angehörigen der Heilandsgemeinde enttäuscht die beschlossene Fusion beider Kirchen und den geplanten Abriss ihres erst fünfzig Jahre alten Gotteshauses. Und auch hier sind drastische Sparmaßnahmen die Ursache für den Verkauf der Liegenschaft in der Andreaestraße. Bestimmt können sich noch Kinder und Konfirmanden von damals erinnern, dass sie die kleinste „Johannisglocke" ganz oben im Turm anläßlich des Richtfestes an einer Seilwinde nach oben ziehen durften. Die aktuelle Ansicht, vom obersten Stockwerk des Postamtes in der Saalburgallee aufgenommen, zeigt Veränderungen nur in Nuancen. Die Kirchturmspitze der Johanneskirche am rechten Bildrand verrät jedoch den zukünftigen langen Weg zur Andacht.

Die Einweihungsfeierlichkeiten der Lutherkirche liegen genau 110 Jahre zurück. Ebenso alt ist vermutlich auch das älteste Foto aus dem Jahre 1893. Obwohl die Kirche im östlichen Nordend liegt, gehörte sie bis 1997 zum Dekanat Bornheim. Pfarrer Reiner Haberstock sagt mit Stolz: „Unser Turm steht auf der Bornheimer Heide." Das Kirchenschiff und die Turmspitze, ebenso wie die von Moritz von Bethmann gestiftete Orgel und Turmuhr sind dem Zweiten Weltkrieg zum Opfer gefallen, sodass der 1955 fertig gestellte Neubau ein völlig anderes Bild erhalten hat. Aber auch das wird nicht mehr lange Bestand haben, denn das Gebäude ist eingerüstet und das Gesicht der Lutherkirche wird sich erneut stark verändern.

Auf dem großen Vorplatz der Lutherkirche, in den sternförmig fünf Straßen münden, war 1922 eine riesige Menschenmenge versammelt, die der Glockenweihe nach dem Ersten Weltkrieg beiwohnte. Im Juli 1917 waren die drei größten Exemplare des Geläutes zum Kanonengießen entfernt worden. Die vornehme Garderobe vieler Besucher deutet darauf hin, dass der Gemeinde überwiegend wohlhabende Bewohner aus dem Norden Frankfurts angehörten. Heute ist es undenkbar, eine ähnliche Situation für ein vergleichbares Foto vorzufinden, denn rollende und parkende Blechlawinen versperren die Fläche vor dem Kirchenbau. Wie tröstlich, dass derzeit ein Baugerüst an dieser Stelle den Blick auf die Gründerzeithäuser die Burgstraße hoch nach Bornheim freigibt. Sie entstanden als Mietshäuser nach der Landhausbebauung Ende des 19. und zu Beginn des vorigen Jahrhunderts.

Karl August Seth Cordes, der erste Pfarrer der Luthergemeinde, schrieb im Evangelisch-Lutherischen Kirchenkalender von 1897: „… der Wunsch nach einem Gemeindehaus als Mittelpunkt für das rasch wachsende Gemeinschaftsleben ging in Erfüllung." Es lag im östlich neben der Berger Straße gelegenen Musikantenweg, der ehemals den Bornheimer Musikern als Fußweg diente, wenn sie in Frankfurt zum Tanz aufspielten. Auch wenn das seinerzeit von Freunden der Gemeinde finanzierte stattliche Gebäude nicht mehr existiert, spielt heute „die Musik" unter der Leitung von Karin Vogl in dem 1950 wieder aufgebauten Haus. Die jungen Damen im Alter zwischen sechzehn und neunzehn Jahren treffen sich hier regelmäßig zu sinnvoller Freizeitgestaltung. Aber ihre Ur-Ur-Großeltern waren nicht auf dem Foto von 1905, auf dem sich die Mädchen des 1895 gegründeten Jungfrauenvereins um ihren Pfarrer Friedrich Mahling scharten.

Das kleine Pfarrhaus an der Ecke zur Eichwaldstraße ist verschwunden und die Lücke innerhalb des Gartenzauns wurde 1932 mit der zweiten Pfarrkirche St. Josef zugebaut. Denn seit 1877 steht dort – im Innenraum integriert mit dem Neubau – die kleine Bornheimer Missionskirche, die mit Steinen und Gewölben der alten Johanniterkirche aus der früheren Altstadt an der Ecke Schnur- und Fahrgasse erbaut wurde. Obwohl die Bornheimer in der Reformationszeit den evangelischen Glauben annahmen, atmen die Mauern von St. Josef katholische Tradition, die bis in die Zeit der Kreuzzüge zurückreicht. Die mittlerweile unter der Berger Straße zu U-Bahngleisen umgewandelten Trambahnschienen und die vielen parkenden Autos bilden einen interessanten Kontrast zur Beschaulichkeit von damals. Fast ein ganzes Jahrhundert liegt zwischen den beiden Aufnahmen.

Der Weg von Alt-Bornheim auf der alten „Kirchgasse" hinab zum Turm eines der bedeutendsten Sakralbauten des 18. Jahrhunderts im Frankfurter Raum hat seit den Fünfzigerjahren kaum etwas von seinem Reiz eingebüßt. Die Johanniskirche mit dem Zwiebelturm trägt ihren Namen erst seit 1896, blickt aber auf eine bis ins Mittelalter zurück-

reichende bewegte Vergangenheit zurück. Drei Jahre dauerte der Wiederaufbau des barocken Mittelpunkts Bornheims, nachdem das Gotteshaus 1776 durch einen Blitzschlag ausbrannte. Legende dürfte sein, dass es sich bei dem Unglück um ein „Strafgericht Gottes" gehandelt haben könnte, das dieser wegen der ausschweifenden Lebensweise der damaligen Dorfbewohner über sie verhängte. Tatsache allerdings waren die Abholzung des Eich- und Buchwaldes, um den Kirchenneubau zu finanzieren, und die Installation des ersten Blitzableiters in dieser Gegend.

3
Landwirtschaft und Gewerbe

Zu Beginn des 19. Jahrhunderts lebten die zweitausend Einwohner des Dorfes Bornheim hauptsächlich von der Landwirtschaft. Zum Zeitpunkt der Eingemeindung 1877 waren es auf dem 48 Hektar großen Gebiet nur noch 16 Prozent der etwa zehntausend Vorortbewohner, die sich mit Ackerbau und Viehzucht beschäftigten. Eine Mitgift von vierhunderttausend Gulden und 436 Hektar Land, inklusive der Heide, brachte Bornheim in die Ehe mit der Stadt ein. Nicht zuletzt deshalb, weil Einfallsreichtum und Fleiß der Bernemer die Ansiedlung von Unternehmen begünstigten, wie die damals weltbekannte Nähmaschinenfabrik von Joseph Wertheim sowie Firmen, die Strohhüte, Zigarren und Textilien herstellten. Auch Lohnkutschereien, Stellmacher und die noch heute zahlreich vorhandenen Ladengeschäfte des Frisör-, Metzger- und Bäckereihandwerks gehörten dazu. Johanna Rausch, aus der dritten Generation des über hundert Jahre alten Betriebes, hütet dieses Foto aus dem Jahre 1927 wie einen wertvollen Schatz, denn es zeigt das erste motorisierte Lieferfahrzeug für Brot- und Feinbackwaren der Großeltern.

Frühere Bornheimer Industrielle waren z.B. Johann Adam Beil, der eine Dampfmühle auf seinem Landgut – der Günthersburg – betrieb, die Wertheims, die sich mit der Herstellung von Nähmaschinen und Asbest beschäftigten und der Brillenhersteller Rigländer. Trotz ihrer Bemühungen ist Bornheim nie ein Industrievorort geworden. Mehrheitlich ging die Bevölkerung abhängigen Beschäftigungsverhältnissen nach. Bis 1914 waren der Stadtteil und insbesondere die Bornheimer Heide zugebaut und wurden ein beliebtes Geschäfts- und Wohnquartier. Auch das gehört zu den Gegensätzlichkeiten Bornheims: Waren zu Beginn der Fünfzigerjahre „Worscht un Weck" beruflicher Mittelpunkt, sind eine Generation später Dienstleistungen rund um die Schuhe und den Tod eher gefragt.

Das Foto aus dem Jahre 1952 zeigt direkt vor dem Haushaltswarengeschäft von Philipp Niederée in der Berger Straße 73 ein für damalige Verhältnisse obligatorisches Verkehrsmittel. Heute würde man von einem begehrten Motorrad-Oldtimer sprechen. Auf den ersten Blick könnte es sich um eine damals weit verbreitete Maschine aus dem Hause NSU handeln. Andreas Stieniczka jedoch, der sich auf diesem Gebiet gut auskennt, identifizierte sofort eine Ardie B 125 ccm. Gleichzeitig erläuterte er, dass die Firma Arno Dietrich aus Nürnberg zwischen 1919 und 1958 ein bekannter Zweirad- und Motorenhersteller war. Ralf Burgers Großvater begann hier in der Berger Straße 73 nach dem Zweiten Weltkrieg mit dem Aufbau seines Motorrad-Betriebes, dessen Handwerk der Enkelsohn gleich um die Ecke in der Bornheimer Landstraße weiterführt.

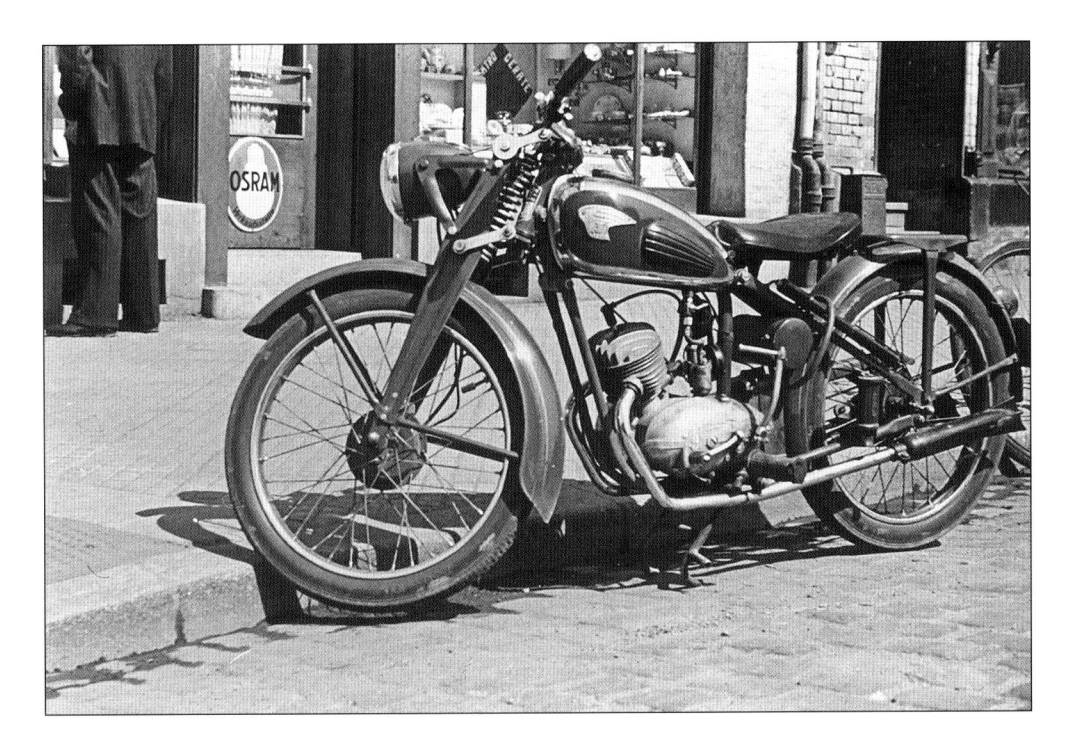

Es ist kein Zufall, dass die historischen Fotos zu diesem Kapitel überwiegend das Bäckereihandwerk darstellen. Nicht umsonst übertreiben die Bernemer gerne und behaupten, ihr Lieblingsbäcker und ihre Stammkneipe seien immer gleich an der nächsten Ecke. Trotzdem ist das Bäckerhandwerk in der Krise; denn viele Familienbetriebe geben aus Rentabilitäts- oder Altersgründen auf. Der Kunde muss aber nicht auf seine frischen Backwaren verzichten, übernehmen doch in der Regel Frankfurts Großbäcker gern diese eingeführten Geschäfte. Es ist interessant zu beobachten, wie sich das Gesicht einer Backstube zwischen 1954 und 2000 verändert hat: Hier die vier fröhlichen Bäckergesellen am Vorkriegsofen im Betrieb der Familie Grein, dort die moderne Produktionsstätte der Firma Rausch.

Wo südlich von Bornheim Berger Straße und Musikantenweg aufeinander zulaufen und ein spitzes Dreieck bilden, waren noch 1954 die Trümmer des Zweiten Weltkriegs zu erkennen. Später lag dort die „Rheinpreußen"-Tankstelle von Rigobert Schultz, die dann einem modernen Geschäftsgebäude weichen musste. Dem Hobby von Günther Grein, alles rund um den gegenüber liegenden väterlichen Bäckereibetrieb zu fotografieren, verdankt dieses Buch viele Aufnahmen. Hier gelang ihm ein besonders reizvoller Schnappschuss. Werner Kircher, Bernemer Bub und lachender Bäckerjunge auf seinem Lieferanten-Drahtesel, stellt die heute unerlässlichen Transport-Utensilien des Gewerbes weit in den Schatten.

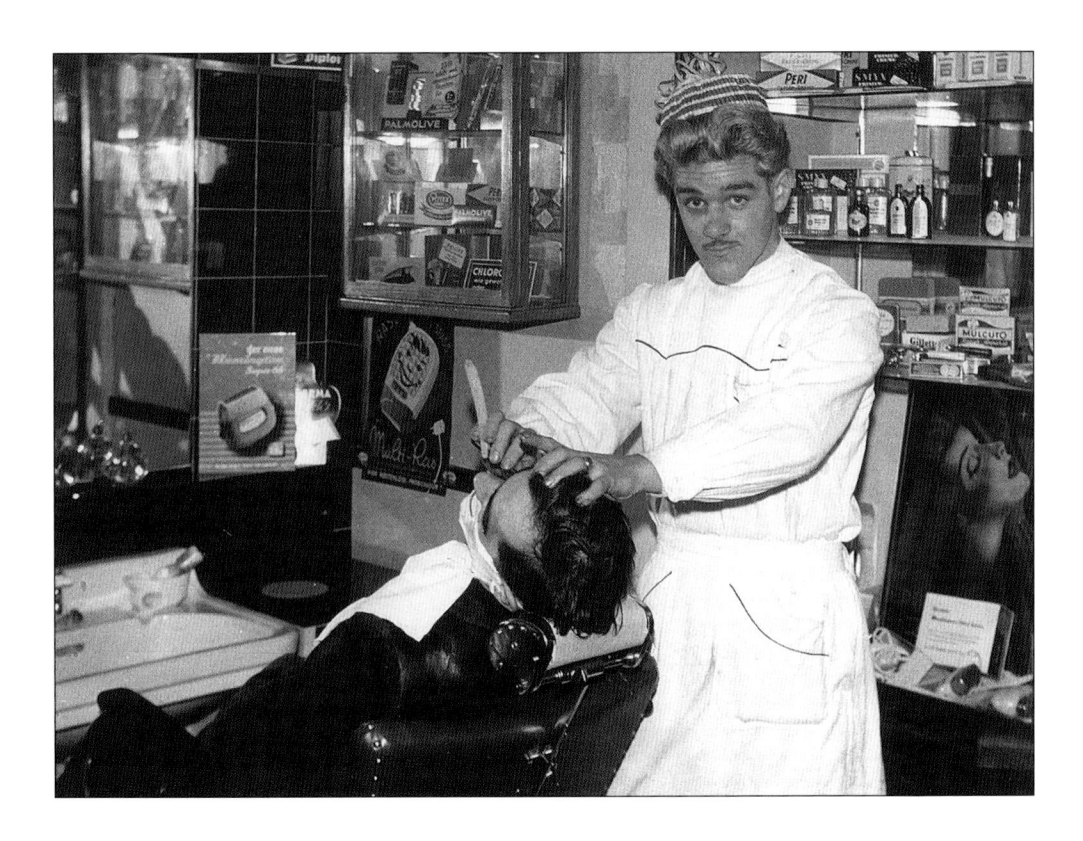

Die Fassenacht am Dienstag hat für Bartträger im Salon von Inge und Dieter Hennefarth unweigerlich die ultimative Rasur für den Ausklang der närrischen fünften Jahreszeit zur Folge. So könnte man die 1957 noch im väterlichen Geschäft entstandene Aufnahme beschreiben. Dieter ist ein Bornheimer Urgestein. Begeisterter Fußballer und Tennisspieler im Sportverein, womit natürlich der FSV gemeint ist. Auch wenn zwischen den beiden Fotos 45 Jahre liegen, den Schalk hat der Meister heute noch im Nacken. Die dritte Generation ist mit Sohn Stephan bereits in den Familienbetrieb eingestiegen und die vierte hat bald die Kirchnerschule absolviert. Für den, der weder Haarschnitt noch Rasur wünscht, findet im Hinterstübchen des Frisiersalons in der Roßdorfer Straße 55 immer Bernemer Gebabbel bei einer Tasse Kaffee statt.

Als im „Langen Hof" die Wirtsleute Hofmann noch bis 1914 ihre wohl schmeckenden, wegen ihrer Größe weit über Bornheims Grenzen hinaus sehr geschätzten Pfannkuchen verkauften, muss die Werkstatt des Wagners Friedrich Hußlein schon auf dem Hinterhof des Gasthauses gewesen sein. Denn das Bild mit den gebrauchten Fahrzeugen und dem Ersatzteillager entstand schon um 1910. In süddeutschen Gegenden wurde der Stellmacher gerne als Wagner bezeichnet und zählte zu den ältesten Handwerksberufen – einer von vielen, die heute nicht mehr existieren. Der gegenwärtige Anblick mit dem noch erhaltenen und bewohnten Gebäudeteil im Hintergrund ist ziemlich trostlos, darüber täuscht auch nicht das viele wild wachsende Grün hinweg.

Zwischen den beiden Weltkriegen gab es in Bornheim nicht so viele Firmen, die sich mit Automobilen oder mit deren Zubehör beschäftigten. Der Schwerpunkt dieser Branche lag im Frankfurter Bahnhofsviertel oder wie auch heute noch an der Mainzer Landstraße. Da plante Fritz Herbener Mitte der Vierzigerjahre, unmittelbar nach Kriegsende, sehr weitsichtig, als er in der Löwengasse einen Tankstellen- und Garagenbetrieb aufbaute. Voller Stolz präsentiert er sich vor seinem Dreirad-Lieferwagen und einem Ölkabinett des damaligen Benzol-Verbandes, aus dem später die Aral hervorgegangen ist. Dieter Müller, Enkelsohn des „Dicken Fritz", hat einiges für dieses Buch aus dem Familienalbum herausgesucht, allerdings würde sein Großvater die Tankstelle nicht mehr wieder erkennen. Der kleine Fiat 500 L, Baujahr 1972, bildet einen eindrücklichen Kontrast zur baufälligen Immobilie von heute.

An der Spessart- / Ecke Roßdorfer Straße hat sich auf den ersten Blick zwischen 1952 und heute kaum etwas verändert. Das Gebäude aus der Gründerzeit des ausgehenden 19. Jahrhunderts, mit dem noch erhaltenen blühenden Vorgarten, erwarb etwa in dieser Zeit der Großvater von Annelotte Buseck. Was sich jedoch grundlegend gewandelt hat und auf den Fotos der übernächsten Seite noch deutlicher sichtbar wird, ist die totale Umkehr in der Struktur des Handels und der Einkaufsgepflogenheiten im Lebensmittelgewerbe. Den kleinen, gemütlichen Laden an der Ecke für den täglichen Bedarf, mit dem fast drei Generationen der Familie Buseck ihr Auskommen hatten, gibt es nicht mehr.

Die Festschrift zum 75-jährigen Jubiläum der Bäckerei Rausch beginnt mit dem Satz: „Es war im März des Jahres 1898, als der aus dem badischen Limbach im Odenwald stammende Bäckermeister Josef Rausch die hiesige Tochter des Privatmannes Christian Kopp freite." Einige Jahre später, kurz nach der damaligen Jahrhundertwende, steht er mit seinem Mehllieferanten und einem Lehrling vor seiner neuen Bäckerei in der Wiesenstraße 32. Vorher existierten nur eine kleine Backstube und die Kutscherei seines Schwiegervaters. Dieses Gewerbe zählte vor dem Zeitalter von Pferde- und elektrischer Trambahn zu den „öffentlichen Verkehrsmitteln", weshalb die Wiesenstraße im Volksmund auch die „Straße der Kutscher" genannt wurde. Der Enkelsohn Christian Rausch und seine Frau Johanna führten das Unternehmen weit über das 100-jährige Bestehen hinaus zur heutigen Blüte und setzten ihrem Urgroßvater Christian Kopp mit der liebevollen Restaurierung eines seiner Kutscherhäuser ein Denkmal.

„Wir müssen draußen bleiben" warnt so manches Hinweisschild unsere vierbeinigen Haustiere davor einzutreten. Dies galt nicht für Busecks Mischling zu Beginn der Fünfzigerjahre in der Spessartstraße 20, der hier in einem richtigen „Tante-Emma-Laden" noch seinen Wachhund-Pflichten nachkommen durfte. Karl Buseck Senior, Jahrgang 1894, und sein Sohn Karl, der schon in jungen Jahren im Geschäft mithelfen musste, hatten mit dem Abfüllen aus den Schubfächern und Wiegen der Lebensmittel eine Menge zu tun. Mit solchen Nebensächlichkeiten hält man sich heute im Supermarkt in der Berger Straße nicht mehr auf. Das Warenangebot ist reichhaltiger, bunter verpackt und zum Mitnehmen günstiger aufgestellt. Dafür sind der Weg weiter, die Einkaufsrechnung und der Verpackungs-Müllberg höher. Des Gebabbel un de Knolle fer de Kinner gibt's aach net mer.

Diese beiden Fotos, das eine in der beginnenden Hitler-Diktatur 1933 aufgenommen, das andere siebzig Jahre später, mit einem Thema über Bornheimer Gewerbetreibende zu verbinden, mag auf den ersten Blick nicht so ganz passen. Unter den Arkaden zum Eingang von St. Josef stößt man aber unwillkürlich auf den zur Geschäftsidee gewordenen Wurststand. Die Vorbeihastenden in der betriebsamen Berger Straße finden hinter den Eisengittern schattige Ruhe für den kleinen Hunger und Durst. Der eine oder andere hat danach bestimmt schon den Weg am Bratrost vorbei in die Kirche gefunden. „Das ist auch so gewollt", sagen die Verantwortlichen von St. Josef, „heute müssen wir die Öffnung nach außen tragen, zur Zeit des Nazi-Regimes musste Pfarrer Höhler durch Schließung der Tore die Schutzsuchenden nach innen holen."

Zu den ersten Bäckereien Bornheims kann man getrost die von Emil Dümig zählen. Er eröffnete schon 1888 das Ladengeschäft. Um die Wende zum 20. Jahrhundert dürfte der Meister zusammen mit seiner Familie und Angestellten in der Petterweilstraße 44-46 auf einer der ältesten Ablichtungen in diesem Buch zu sehen sein. Bereits nach dem Ersten Weltkrieg machte der Betrieb zu, auch weil die sprichwörtlich „Goldenen Zwanziger" keine guten Jahre waren. Das ehemalige Ladenlokal ist seit 1975 „TREFFPUNKT" für haftentlassene Männer und Frauen. Ein Verein zur „Förderung der Bewährungshilfen in Hessen e.V.", Neebstraße 3, mit zwölf ehrenamtlichen Mitarbeitern sowie die „Frankfurter Tafel" helfen und unterstützen alle an den Rand der Gesellschaft gedrängten Menschen, respektieren ihre Lebensweise und betrachten sie nicht als Außenseiter.

„Ein Denkmal soll keine Kulisse sein, ehemaliger Tabakladen mit Art Déko-Interieur", so betitelt Hans-Günter Hallfart vom Denkmalamt unserer Stadt die Revitalisierung dieses Geschäftes mit der einzigen original erhaltenen Ausstattung eines Innenraumes im Stil des Art Déco in Frankfurt. Nicht nur das um 1923 aufgenommene Foto vom Dauth'schen Tabakladen am Uhrtürmchen, sondern auch Auszüge seiner Berichterstattung stellte Hans-Günter Hallfart für dieses Buch zur Verfügung. Der Architekt Peter Umpfenbach verzierte 1921 das Erdgeschoss des Ladens in dem einzigartigen Stil. Er entdeckte beim Umbau unter alter Farbe den Spruch: „Hurra dem Hopfen! Hurra dem Malz! Sie sind des Lebens Würze und Salz". Für Bornheim typisch, auch hier befand sich eine Biergaststätte. Über das „Café Wacker" sowie die Herren Bumiller und Eberling wird noch zu reden sein.

Alte Bornheimer Wegbezeichnungen, wie Falltorstraße oder Am Stiegelschlag, sind Belege dafür, dass es bäuerliche Anwesen gab und Landwirtschaft betrieben wurde. Sie deuten auf Begrenzungsgatter und Schlagbäume hin, die dem Viehzeug die Flucht von den Weiden verwehrten. Eine amtliche Genehmigung von 1695 erlaubte dem Langen Hof, „durchreisende Leute, als Hühner- und Eierträger zu beherbergen". Um 1930 verkauften Bornheimer Gärtnersfrauen in der Großmarkthalle neben Obst und Spargel aus ihrem stadtbekannten Gemüsegarten auch Kräuter für die Grie' Soß' und Zwiwwel für den „Handkäs' mit Musik". Heutzutage findet der Handel mit Produkten aus heimatlichen Böden und Ställen, angereichert durch fremdländische Spezialitäten, auf dem internationalen Treffpunkt der beiden Bornheimer Wochenmarkttage statt.

Zwischen 1306 und 1890 waren Frankfurter Patrizierfamilien wie Weiß von Limpurg und von Glauburg, aber auch der Gastwirt Günther, der Rat Beil und die von Rothschilds Eigentümer des landwirtschaftlich genutzten Burg- und Gutshofes. Eines war allen gemeinsam, sie waren Großgrundbesitzer und erlangten ihren Reichtum auch durch Verpachtung der Ländereien. Auf einem dieser mittlerweile zur Stadt gehörenden Äcker arbeiteten um 1930 die Stadtgärtner Rebig und Jean Röser im Schlinkengewann, oberhalb des früheren Eichwalds. Die Stadtgärtnerei, zwischen Weidenbornstraße und dem Standort des Pferdefuhrwerks gelegen, ist heute zu einem Reparaturbetrieb des Grünflächenamtes degradiert. Der Leiter Bert Kirchner schickt seinen „motorisierten Gärtner" Peter Kienzle zu der Stelle, wo einst riesige Gewächshäuser waren und Jahrhunderte zuvor die Bornburg im heutigen Günthersburgpark gestanden haben könnte.

4
Gebürtige und Zugereiste

Es ist nicht überliefert, wie viele „Eigeplackte", also Zugereiste, nicht in Bornheim geborene oder sogar von außerhalb Frankfurts stammende Sportler die Kunstturnriege der TG Bornheim 1860 auf diesem Bild von 1906 verstärkt haben. Da stand die Turngemeinde schon kurz vor ihrem 50-jährigen Jubiläum und die Mitgliederzahl war von anfänglich 107 auf 353 geklettert. Dass inzwischen daraus der größte Sportverein Hessens mit über 11.000 Mitgliedern, die fünfzig verschiedene Sportarten betreiben, geworden ist, verdankt man dem rührigen Vorstand, zusammen mit seinem seit 1981 tätigen Vorsitzenden Peter Völker. Auch wenn die TGB unserer Tage viele sportliche Freizeitangebote für „Bernemer und Eigeplackte" bereithält, muss für dieses Kapitel sinnbildlich die Musterriege des Vereins in der Disziplin „25 Mann an zwei Pferden", anlässlich des Kreisturnfestes 1906 in Hanau, herhalten.

Am Tor zur früheren Günthersburg endet die prachtvolle, parkähnliche Günthersburgallee. Ihre wunderschönen, Ende des 19. Jahrhunderts villenartig erbauten Gebäude sind zum größten Teil von den Bomben des Zweiten Weltkrieges verschont geblieben. Fein herausgeputzt steht hier zum sonntäglichen Spaziergang im Sommer 1955 Hannelore Heymann, „e echt Bernemer Mädche". Sie wurde in der Großen Spillingsgasse geboren. So idyllisch wie damals ist die heutige Ansicht am Eingang zum Günthersburgpark an der Hartmann-Ibach-Straße nicht. Drinnen jedoch ist er im Sommer wie im Winter mit seinem vielfältigen Pflanzenbestand erholsamer Anziehungspunkt für Alt und Jung. Der Bornheimer Tischtennis- und Fußballnachwuchs holt sich hier sein Rüstzeug für später und das umherlaufende Völkergemisch erinnert an eine Miniaturausgabe des New Yorker Central-Parks.

Wenn sich 1953 echte Bornheimer zu einer Ausflugsfahrt mit dem Omnibus nach Wirbelau versammeln und 2003 an der Station Bornheim-Mitte auch Auswärtige den Ebbelwei-Express zu einer Rundfahrt besteigen, lassen beide Aufnahmen nur andeutungsweise Gemeinsamkeiten erkennen. Gewollt ist der Vergleich mit Jubiläumszahlen. Zwischen den beiden Bildern liegen fünfzig Jahre und die bunte Nostalgie-Trambahn verschönert seit 25 Jahren das Frankfurter Straßenbild. Einige tausend Besucher feierten im Bornheimer Depot in der Heidestraße im Februar 2002 den Geburtstag der Tram. Die rot lackierten, mit Frankfurter Symbolen geschmückten Straßenbahn-Oldies sind Baujahr 1949 und fahren private Gruppen und Touristen bei Ebbelwei und Brezeln über 37 Stationen zu den Sehenswürdigkeiten der Stadt.

Zwei fast identische Fotos vor dem Traualtar in St. Josef zeigen auf den ersten Blick keinen großen Unterschied. Im November 1966 fand allerdings eine Doppelhochzeit statt, im August 2000 eine „einfache". Die gebürtigen Bornheimer Schwestern Ute und Karin holten sich ihre Ehemänner aus Griesheim und dem Gallus ins lustige Dorf. Während Karin und Günter Frye bis heute der Berger Straße treu blieben, zog es den „gebürtigen" Nordendler Christoph und die aus dem Schwäbischen zugereiste Gabriele in den Taunus. Nicht nur weil Christoph seinen Zivildienst hier geleistet hat, fühlen sich beide immer noch in der Gemeinde St. Josef mit ihrem weltoffenen Pfarrer Michael Metzler heimisch. Dazu hat auch beigetragen, dass sie ihre Hochzeit zusammen mit der Bernemer Kerb feierten.

Die entbehrungsreiche Nachkriegszeit ging Mitte der Fünfzigerjahre langsam ihrem Ende entgegen. Das so genannte Wirtschaftswunder und der Wiederaufbau waren in vollem Gange. Ein neuer Architektur- und Einrichtungsstil, der sich an Vorbildern der Moderne und des Bauhauses orientierte, setzte sich durch. Auch in dieser Wohnung, in der sich zur Adventszeit 1957 ein Bornheimer Kaffeekränzchen zusammengefunden hatte. Klein gemusterte Tapeten, Vorhänge mit großen Mustern und gradlinige Möbel waren modern. Die typischen Möbel der Fünfzigerjahre, wie Nierentische, Tütenlampen und Cocktail-Sesselchen, gelten heute wieder als erhaltenswert, weil sie eine längst vergangenen Zeit repräsentieren.

Auguste Weinhardt, im Jahre 1921, und ihre Enkeltochter Susi Heppert, fast ein Menschenalter später, sind beides Kinder von der Bornheimer Heide. Nach der Konfirmation in der Lutherkirche präsentieren sie stolz die zu ihrer Epoche gehörende Kleidermode. Insbesondere zu Augustes Zeiten trug man Armreif und Haarschleife in besonders attraktiver Weise. Susis Großvater Franz Berres malte schon vor dem Zweiten Weltkrieg Kinoplakate und bis etwa 1980 spielte er sogar bei Liesel Christ am Volkstheater.

Im Jahre 1908 ging man noch mondäner gekleidet zur Konfirmation in die Lutherkirche. Im gleichen Jahr, in dem das Pfarrhaus in der Schopenhauerstraße fertig gestellt war, 1894, erblickte Karl Buseck das Licht der Welt. Obwohl er auf diesem Foto erst 14 Jahre jung war, zwängte man ihn in die Garderobe eines älteren Herrn, was damals als schick galt. Der Bernemer Bub war ein begeisterter Trompetenspieler im Posaunenchor seiner Kirche. Ganz locker ist die Kleiderordnung der Konfirmanden gegen Ende der Neunzigerjahre. Astrid Kneier, bekennende Bornheimerin, obwohl ein wenig außerhalb im Nordend geboren, verschafft sich auf der Uni schon klare Voraussetzungen für ihr späteres Berufsleben.

Frankfurts berühmtester Sohn, Johann Wolfgang von Goethe, sagte über seinen 30 Jahre jüngeren Zeitgenossen Anton Kirchner, ebenfalls ein ganz Großer dieser Stadt: „Er ist ein kluger Schelm, der klügste in Frankfurt." Das war keineswegs ironisch gemeint. Kirchner hatte sich viele Verdienste um Frankfurt erworben. Daneben legte er das Pfarrerexamen mit philosophischem Doktorgrad ab, war Professor für Latein, Hebräisch sowie Kirchengeschichte, Redakteur des „Frankfurter Journal" und zudem ein äußerst humorvoller und fröhlicher Mensch. Er schrieb als erster Historiker in mehreren Bänden die „Geschichte der Stadt Frankfurt" auf. Aus der Kirchnerschulen-Chronik stammt die Zeichnung ihres Namengebers. Ganz versteckt in der Friedberger Anlage schaut er von seinem Ehrensockel etwas ernster herunter.

Das Bilderrätsel ist schnell gelöst. Dieser symbolische Vergleich zeigt die Kirchenbaustelle von St. Josef um 1930 und die der Lutherkirche Ende 2003. Der Zusammenhang zum Thema „Gebürtige und Zugereiste" ergibt sich, wenn man Pfarrer wie Josef Höhler sieht, der die Baustelle in der Berger Straße inspiziert. 1929 war er schon maßgeblich am Neubau der Heilig-Kreuz-Kirche am Bornheimer Hang beteiligt. Man nannte ihn den „guten geistlichen Rat der Kirchenbauer Bornheims". Ähnliche Sorgen und Probleme hat heute auch Pfarrer Reiner Haberstock beim Umbau und der Modernisierung seiner Lutherkirche zu bewältigen. Nach dem Umbau sollen der Vorplatz und die Kirche ein Ort werden, „wo sich die Leute zu Hause fühlen können".

Stolz und zufrieden präsentieren sich Herr und Frau Dauth zum 25-jährigen Jubiläum ihres Tabakladens in der Berger Straße 185. Auf dem Bild von 1933 verdecken leider die vielen Blumen das teilweise in Eichenholz geschnitzte, dekorative Mobiliar. Ernst Eberling, ein angesehener Frankfurter Architekt, ist in diesem Haus geboren. Er fand das Foto in der Hinterlassenschaft seiner Eltern, die mit dem Ehepaar Dauth eng befreundet waren. Einer gedeihlichen Zusammenarbeit zwischen dem heutigen Eigentümer Kilian Bumiller, dem Denkmalamt und Wacker's Kaffee-Rösterei als Mieterin ist es zu verdanken, dass dieses Kleinod erhalten werden konnte. Unter der wunderschönen Uhr mit den Holzornamenten, die noch die Dauth'schen Initialen tragen, sorgen Corinna und Antonia für das Wohl der Gäste im „Café Wacker".

So sieht es gegenwärtig an sonnigen Tagen im Herzen Bornheims aus. Rund um den Bernemer Halblange-Brunnen auf dem Platz am Uhrtürmchen sind alle Tische und Stühle vor dem „Café Wacker" besetzt. Die Gäste sitzen dank des „zugereisten" Kilian Bumiller einer hübsch restaurierten Gründerzeit-Häuserzeile gegenüber. Die mit Motiven aus dem Kolonialhandel reliefartig gestaltete keramische Schaufensterfront des ehemaligen Tabaklädchens ist ein besonders exotischer Blickfang. Das historische Foto mit der fröhlichen Runde im Garten der „Weißen Lilie" entstand um 1938 und zeigt die Eltern Eberling mit ihren Freunden und „Tante Lieschen", die vierzig Jahre im Haus mit dem Tabaklädchen wohnte.

Karl Munck aus der Berger Straße 370, bei den Bornheimern nur unter dem Namen „Carlo" bekannt, kann man fast täglich mittags in „Dago's Laternchen" antreffen, wo ihm die Wirtin Karin Gnerlich ein gutes Mittagessen serviert. Er ist ein wandelndes „Stadtteil-Lexikon" und bezeichnet sich selbst schmunzelnd als „den letzten Bauern Bornheims". In gewisser Weise trifft das auch zu, denn drei Reitpferde stehen heute noch in seinem Stall. Mit dem Oldtimer-Traktor verrichtet Carlo im Sommer nahe des Lohrbergs regelmäßig kleine Feldarbeiten. Seine Großeltern Philipp und Amalie und sein Vater Alex in der Mitte des Familien-Fotos von 1910 waren noch Bauern und Fuhrunternehmer. Alljährlich treffen sich die inzwischen zur Großfamilie angewachsenen Muncks zum Weihnachtsessen in der Berger Straße.

Völlig unspektakulär ist die heutige Aufnahme von der Ecke Spessart- und Mainkurstraße im Vergleich zu der von 1924. Vor dem Gasthaus „Alte Post" von Gottlob Schuler stellten sich vor einem Festumzug so bekannte Bornheimer Reitersleute wie Jean Schmidt, Heinrich Helfrich, der Stadtgärtner Jean Röser, auf dem Schimmel Alex Munck, der Vater von Carlo, und Georg Kampf (von links) dem Fotografen. Man sieht, dass die Renovierung der alten Bornheimer „Post" nach dem Zweiten Weltkrieg nicht besonders gelungen ist. Der Zeitungskiosk, der am linken Bildrand des heutigen Fotos zu erkennen ist, wurde 1956 als elfeckiges Häuschen gebaut.

Ende der Zwanzigerjahre feierte ein illustrer Kreis im Garten der „Weißen Lilie". Neben Herrn und Frau Schade sind auch die Herren Schad, Löbig, Stey, Kelber und Herberich mit von der Partie. Was verkündet hier wohl Bürgermeister Barreiter? Aufmerksam hört ein kleiner Bub, auf dem Stuhl stehend, zu. Es ist Adolf Steib, der auf dem heutigen Bild mitten unter seinen Bornheimer Stammtischfreunden in der „Sonnenuhr", Wollstädter Straße 11, sitzt. „Hier waren früher alles Äcker und Kleingärten", weiß Franz Steul sen. zu berichten. Diese fünf gebürtigen Bornheimer bringen es zusammen auf etwa 400 stolze Jahre. Einmal in der Woche treffen sie sich zum Gedankenaustausch, jeweils in einem anderen Lokal.

5
Das Bornheimer „Stöffche"

Wenn im Kapitel „Landwirtschaft und Gewerbe" die zahlreichen Kneipen, Wirtschaften, Brau- und Keltereibetriebe fehlten, war das gewollt, sie werden in diesem Kapitel näher beschrieben. So mag es ausgesehen haben, wenn sich 1899 zwei Bauern oder Handwerker zum Dämmerschoppen in einer Bornheimer Apfelweinschänke zusammengesetzt haben. Schon um 1850 entstanden im Dorf erste größere Apfelweinkeltereien, die zuvor Heckenwirtschaften betrieben. Das „Stöffche" ist das Frankfurter Nationalgetränk. Die Äpfel kommen von den vielen Streuobstwiesen vor den Toren der Stadt. Im Spätsommer liegen in den Innenhöfen der Lokale Berge von Äpfeln zum Keltern. Früher wurde in fast jeder Wohnstube Apfelwein hergestellt – heute kann man die Zahl der Keltereien an einer Hand abzählen.

Die traditionsreiche Apfelweinwirtschaft Glaser in der Berger Straße 329 war ein beliebtes Ausflugsziel für Bornheimer und Frankfurter. Auf der historischen Abbildung, die in den Zwanzigerjahren entstanden sein dürfte, sitzen die Wirtsleute Häfner mit ihren Kindern und Freunden im herrlich grünen Garten ihrer Wirtschaft. Das Haus ist heute zu einem modernen Wohngebäude im alten Stil umgebaut. Betritt man den Hinterhof, lässt sich erahnen, wie gemütlich es sich unter den alten Bäumen feiern ließ. Nur ein paar Gartenmöbel sind übrig geblieben.

Der Künstler und seine Performance! Klaus Bittner funktionierte das ehemalige Apfelweinlokal Glaser für seine Kunstgalerie total um. Mit seinen Arbeiten beteiligt er sich an Ausstellungen, Kunstprojekten und Vernissagen im In- und Ausland. 1989 wurde die Atelier-Galerie U4 frAnkfuRT gegründet. Sein derzeitiges Objekt steht in der ehemaligen Apfelweinwirtschaft Glaser, wie an den beiden Säulen noch zu erkennen ist. Die Wirtsleute Häfner mit ihren Gästen würden mit dieser Kunst wohl nichts anzufangen wissen. Bis 1981 standen im Keller des Hauses noch riesige hölzerne Apfelweinfässer mit einem Durchmesser von drei Metern.

Ob sich seine Familie wohl über das Bild mit dieser prüfenden Pose gefreut hat? Von diesem Genießer weiß man heute leider nichts mehr. Das Bild fand sich auf dem Dachboden von Ellen Stier. Rolf Bauscher, in Bornheims Turmstraße geboren und Gast im „Nassauer Hof", hat das Foto, das um 1900 entstand, so gefallen, dass er sich spontan für eine ähnliche Aufnahme in Positur setzte. So wie der Bembel gehört auch das gerippte Glas zum Ebbelwei.

Alle mochten die kleine verräucherte Gaststube im Langen Hof. Die Bornheimer nannten sie einfach „Dickworzkaut". Peter Cornel und seine Ehefrau Bertha, geb. Hofmann, aus der Familie Pfannenkuchen-Hofmann, stehen mit ihren Kindern Luise und Heinrich nebst Gästen 1910 im Langen Hof. Zu Besuchern aus der Stadt, die ihm nicht gefielen, sagte der immer mit „Batschkapp", Jacke und Halstuch gekleidete Peter Cornel „wir sind hier genug!" So berichtet es sein Urenkel Martin. Ungeachtet seiner etwas groben Art war Peter Cornel im Gemeinderat von Schultheiß Philipp Adam Rühl. Er wäre begeistert, könnte er das Foto seiner großen Familie sehen.

Die beiden Bilder zeigen, dass sich das Wohnhaus in der Großen Spillingsgasse zwischen 1930 und heute kaum verändert hat. Das mit Äpfeln voll beladene Fuhrwerk ist bei einem der größten Apfelweinherstellern Bornheims, der Firma Cornel, angekommen. Wie der Zufall es wollte, gelang dem Fotografen hier ein ganz besonderer Schnappschuss. Normalerweise herrscht heute auf der Straße reger Autoverkehr. Just in diesem Moment trabte jedoch ein mit Kindern voll besetzter Pferdewagen des Ponyhofs Kreißl vorbei. Das Fotografieren verursachte dann auch prompt einen Verkehrsstau.

Philipp, der Enkel von Karl Solzer, ist von der großen Apfelmenge begeistert, die seinem Großvater gerade auf den Hof geliefert wurde. 2003 waren die Äpfel auf Grund des warmen Sommers früh reif und sehr zeitig beim Apfelweinhersteller, der ein gutes „Stöffche" erwartet. Karl Solzer führt einen der wenigen Kelterbetriebe, die in Bornheim den Ebbelwei noch selbst herstellen. In seinem „Nassauer Hof", einer urig gemütlichen Wirtschaft, die seit 1899 in Familienbesitz ist, wird das „Schoppepetze" zum Genuss. Etwa um 1850 wurde aus der Heckenwirtschaft Cornel ein Großhersteller von Apfelwein. Im Jahre 1930 überzeugte sich Firmeninhaber Heinrich Cornel noch selbst davon, dass die Äpfel am Ostbahnhof fachmännisch verladen wurden.

Die beiden Cornel-Buben Hans und Karl präsentierten sich 1930, als Automobile die Pferdefuhrwerke ablösten, stolz vor dem neuen Mercedes-Benz ihres Vaters. Heute ist nichts mehr von der alten „Apfelherrlichkeit" übrig geblieben und ein Vergleich an dieser Stelle nicht mehr möglich. Der große Hof mit den modern renovierten Fabrikgebäuden lässt keinen Schluss auf die jahrzehntelange Apfelweinherstellung zu. Auf der einen Seite betreibt die Firma Böttgen einen Fahrradmarkt mit einem großen Vorratslager. In den ehemaligen Kelterhallen finden ein exklusives Fotostudio sowie ein Film- und Tonstudio beste Voraussetzungen für ihre Arbeit.

Der Böttcher war ein Scheffler, Küfer oder Fassbinder. Diese heute fast nicht mehr existierenden Handwerker entliehen ihre Berufsbezeichnung dem „Bottig" und stellten Holzgefäße wie Fässer, Zuber oder Tonnen her. 1930 reparierten Meister Wilhelm Breimer und sein Gehilfe im hübsch begrünten Innenhof des gegenwärtigen Cornel-Anwesens ein Apfelweinfass. Zu Hauf lagerten diese Fässer in Bornheims Kellern. Wie an einer Perlenschnur aufgereiht, ziehen sich die Ebbelwei-Wirtschaften durch die Gassen, es ist unmöglich, alle Namen aufzuzählen.

Zu Beginn der Fünfzigerjahre legte Carlo Munck mit seinem Kollegen und tausend Litern Apfelwein in einem Fass, gezogen von den Füchsen „Elfe" und „Hermann", in der Nähe der Johanniskirche eine Pause ein. Den Apfelwein holte er aus dem schon um 1560 gebauten Keller des Langen Hofes ab, um damit die umliegenden Wirtschaften zu beliefern. Im Sommer 2001 versuchte Carlo Munck, das gerade geborene Fohlen „Grace" fürs Foto festzuhalten. Seine Tochter Andrea und seine Großnichte Michele haben die Liebe zu Pferden und dem Reitsport vom Vater und Onkel geerbt.

Leider konnte nur ein symbolischer Vergleich dieses Herrn, der in einem unbekannten Bornheimer Apfelweingarten um die Jahrhundertwende seinen Schoppen „petzt", gefunden werden. Dort, wo Karl Solzer im „Nassauer Hof" mit Gästen dem Apfelwein zuspricht, kehrten im 18. und 19. Jahrhundert die vornehmlich männlichen Besucher aus Frankfurt ein. Das nur in Bornheim anzutreffende weibliche Personal war den Gästen eine willkommene zusätzliche Abwechslung – konnte man sich doch mit der Bedienung auch ins Hinterstübchen zurückziehen. Hauptsächlich zu Kerbezeiten war Bornheim „der Ort derber Genussfreudigkeit, eine Stätte der Tanzbelustigung und des Glücksspiels". In den Tanzhäusern sowie Kneipen waren Raufereien und Händel an der Tagesordnung.

Mit dem Titelbild dieses Kapitels aus dem Archiv der Familie Häfner endet es auch. Das gleiche Motiv wurde 1914 als Gruß- und Werbeplakat aus dem Langen Hof verwendet. Während früher über der Eingangstür von Heckenwirtschaften mit einem Fichtenkranz und einem Apfel in der Mitte geworben wurde, ist die Werbung an den Apfelweinwirtschaften heutzutage vergleichsweise komfortabel. In den gemütlichen Gaststuben deuten die Gemälde und Zeichnungen von Lino Salini, die typische „Ebbelwei"-Szenen zeigen, auf das Bornheimer Nationalgetränk hin.

6
Feiern ist Tradition in Bornheim

Als stadtweit bekannte Putzmacherin betreibt Sigrid Brandenstein in der Bornheimer Landstraße ihr Geschäft „Die Hutschachtel". Bei den Frankfurter Tagen der Mode zeigte sie ihre Kreationen. Die Schülerinnen der 4. Klasse von der Kirchnerschule versuchten sich 1951 anlässlich eines Handwerkerfestes als Putzmacherinnen. Schützen-, Handwerker- und Brunnenfeste, Fassenacht und die berühmte „Bernemer Kerb" haben wohl den eingeplackten Advokaten Beurmann 1835 dazu veranlasst, Bornheim als einen Ort „voll Süßigkeit, voll Tanz und Musik, voll Laune und Leben" zu beschreiben.

Eine Attraktion der Kerb ist der „Gickelschmiss" am Bernemer Mittwoch. An dessen Ablauf hat sich – wie man auf den Bildern von 1951 und heute sieht – nichts geändert. Diese Tradition soll auf einen Kerweburschen zurückgehen, der nach einer durchzechten Nacht auf seinem Heimweg über einen Hahn stolperte. Mit seinem Dreschflegel erwischte er jedoch nicht den Hahn, sondern einen Tontopf, der laut zerbrach. Mit verbundenen Augen wird heute dieses Ereignis nachgespielt. Wer den Topf zerschlägt, erhält einen lebenden „Gockel". Mancher Sieger, der schon vorher ausgedeutet wird, muss sich diese Bevorzugung viel kosten lassen.

Wenn am ersten Wochenende nach Laurentius im August die Bernemer Kerb gefeiert wird, gibt es am Samstag den Festumzug, am Sonntag einen ökumenischen Gottesdienst unter freiem Himmel am Uhrtürmchen und am Montag den traditionellen Frühschoppen in allen Lokalen des Stadtteils. Der „Bernemer Mittwoch" beschließt mit dem Gickelschmiss und der Lisbeth-Verbrennung schließlich das Fest. 1684 wurde die Kirchweihe durch ein Dekret des Rates verboten und erst wieder 1812 erlaubt. 1949 bildeten die Mädchen und Buben der Kirchnerschule beim Umzug mit dem Erntekranz eine „Schnittergruppe". Heute ziehen die Jugendlichen nicht mehr mit bunten Bändern sondern mit den Utensilien der Cheerleader durch die Straßen.

Pferde dürfen bei keinem Umzug fehlen. 1926 ritten die Sportler der Turngemeinde Bornheim auf einem Festumzug durch die geschmückte Berger Straße und präsentierten die Losung „Frisch, fromm, fröhlich, frei" von Turnvater Jahn. Heute führt die berittene Polizei der Stadt Frankfurt den Festumzug der Kerb in der Eichwald-/Ecke Berger Straße an. Allerdings ohne Motto – denn sie sorgt hauptsächlich für die Sicherheit von Publikum und Teilnehmern.

Viele Motivwagen, Musikgruppen und Vereine prägen den Umzug zur Kerb. Die Jugend spielt in den Bornheimer Vereinen eine wichtige Rolle. Der 1. Frankfurter Bühnentanzsport-Club von 1986 schickt seine Kinder zum Umzug. Sie sind mit der gleichen Begeisterung dabei, wie schon 1928 die Jugendlichen der Turngemeinde (hier in Höhe des „Schützenhofes" in der Berger Straße). Ihnen folgten getrennt die Turnerinnen und dann die Turner.

Zwischen Rendeler- und Gronauer Straße ziehen die Pferde 1947 den Langholzwagen mit dem Kerbebaum durch eine noch vom Krieg gezeichnete Berger Straße. Aus dem Vilbeler- oder Enkheimer-Wald holen heute die Kerbeburschen am Samstag in aller Frühe den Baum. Auf dem jahrelangen Festplatz „Weiße Erde" steht er zusammen mit der „Kerwe-Lisbeth", die eines der vielen Bornheimer Wahrzeichen ist. Allerdings ist der lebensgroßen Stoffpuppe nur ein kurzes Leben vergönnt, denn am Mittwoch schon wird sie unter großem Gejammer ihrer Anhänger verbrannt. Seit 2002 ist der Festplatz wieder dort, wo er hingehört: auf dem Platz vor der Johanniskirche, den man endlich von Parkplätzen befreit, verschönert und wieder zum Dorfmittelpunkt gemacht hat.

Da der Hohe Brunnen die erste zentrale Wasserversorgung Bornheims sicherstellte, wird er im Festzug auf einem Motivwagen durch die Straßen gefahren. Auf dem Bild von 1949 befindet sich die Nachbildung des Brunnens auf einem Fuhrwerk, das von vier Pferden am Lebensmittelgeschäft von Berta Hofmann vorbeigezogen wird. 2002 zieht der historische Traktor von Carlo Munck unter großem Beifall der Kerbebesucher das Symbol am „Nassauer Hof" vorbei. In diesem Jahr war es schwer, den Zug durch die engen Gassen hoch zur Johanniskirche zu führen.

Der Fuhrunternehmer Alex Munck hat 1936 Pferde und Wagen für den Festzug geschmückt und wartet darauf, dass der Umzug beginnt. Einigermaßen exotisch liest sich das Motto des Fuhrwerks, vor das sich „Rosa" und „Bertha" haben spannen lassen. „Das Foto müsste in der Kantstraße aufgenommen worden sein", berichtet Gerda Singer, die Tochter von Alex Munck. Sie hat in Alben und Schachteln gekramt und unter vielen anderen auch dieses Bild ihrer alteingesessenen Bornheimer Familie zur Verfügung gestellt. Betrachtet man den Kopf- und Ohrenschmuck der herausgeputzten Vierbeiner von damals und heute, sind die dazwischen liegenden 65 Jahre nicht zu erkennen.

Im Jahre 1946, unmittelbar nach dem Krieg, war man um das Wiedererstehen der Bernemer Kerb sehr bemüht. Vereinsmitglieder verpfändeten sogar ihre Pferde, damit sie von der Besatzungsmacht eine Genehmigung zum Feiern erhielten. Über das damals geltende Ausgeh- und Versammlungsverbot ab 24 Uhr setzten sich die mutigen Bornheimer sowieso hinweg. 1948 jedoch durfte das schwarz-weiße Gespann der Bernemer Kerwegesellschaft schon wieder ohne Auflagen das fröhliche Völkchen durch Bornheim ziehen. Heute werden Pferdefuhrwerke im Zug immer seltener. Motorisierte Fahrzeuge, viele Trachtengruppen und vor allem schmissige Kapellen bestimmen das Bild.

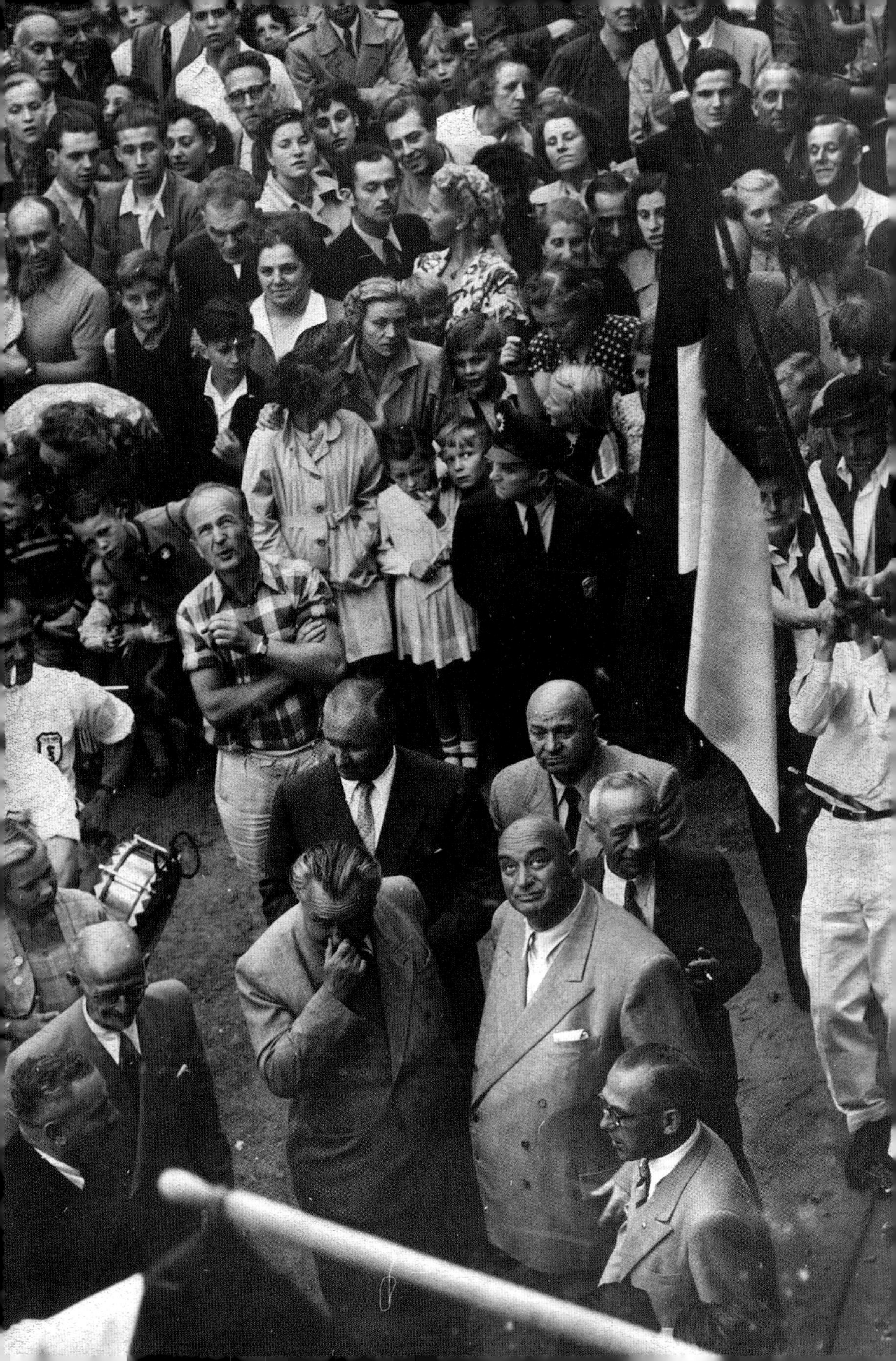

Nachdem die Dippemess nunmehr über 30 Jahre unterhalb des Bornheimer Hangs stattfindet, gehört sie zu Bornheim wie der Ebbelwei. – Genau wie damals Walter Kolb, Bürgermeister der Stadt Frankfurt (1946 bis 1956), die Bernemer Kerb zu Beginn der Fünfzigerjahre am Bornheimer Ratskeller besuchte, eröffnete Petra Roth, die heutige Oberbürgermeisterin, 2002 mit dem obligatorischen Fassanstich im Festzelt die Dippemess. Beide haben sich um die Stadt verdient gemacht. Das erste demokratisch gewählte Stadtoberhaupt Kolb war Sinnbild für den Wiederaufbau nach dem Krieg. Petra Roth, die erste Frau in diesem Amt in Frankfurt, steht heute für Weltoffenheit und Liberalität gegenüber ihren Mitbürgern aus 180 Nationen.

Es ist nicht ausgeschlossen, dass der Bornheimer Musikverein um 1910 nach der Beerdigung eines Veteranen auf dem Bornheimer Friedhof mit Pauken und Trompeten anschließend in Pflugs Garten Station machte. Hier mussten die trauernden Hinterbliebenen für Speis' und Trank der Kapelle sorgen. Die Blechbläser des Harmonie-Orchesters Frankfurt spielen in unseren Tagen höchst selten auf einer Beerdigung, aber immer noch an lauen Sommerabenden im idyllischen Biergarten des Bornheimer „Ratskellers". Die frühere Fuhrstation befindet sich seit der Eingemeindung des lustigen Dorfes im Besitz der Stadt Frankfurt.

Der Johannis-Kindergarten befindet sich heute an der Stelle, auf dem der frühere Freihof gestanden haben dürfte. Dem traditionellen Bornheimer Lebensmotto entsprechend heißt es auch hier: „Gemeinsam leben, lernen und sich erfahren". Kinder aus verschiedenen Lebensbereichen, aus unterschiedlichen Kulturen, mit und ohne Behinderungen sind willkommen. 1927 sind die Herren Schade sen., Stroh sen., Herget, Willi Schade, Dr. Dietz, Heinrich Rühl und Fritz Kelber (von links) des Stammtisches „Schützenhof" bereit, mit ihrem geschmückten Fahrzeug zum Brunnenfest zu fahren. Der Bauernhof des Deutschherrnordens wurde schon 1230 erwähnt, und war als „Freihof" von einigen Steuerabgaben befreit.

Singe, wem Gesang gegeben! Eines der schönsten Fotos aus der Sammlung von Gottfried Koch zeigt die Frauen und Mädchen des Sängerkreises des Arbeiter-Gesangvereins, die sich 1910 zu ihrem 25-jährigen Bestehen vor dem Bürger-Saal aufgereiht haben. Auch wenn den Damen der Vergleich nicht so gut gefallen würde, können die Bernemer Handwerksburschen, die weit über die Grenzen Bornheims und der Stadt bekannt sind, ihm standhalten. Die Musikanten um Horst Westenberger sind in der Tracht ihres jeweils ausgeübten Handwerks zur Faschingszeit gesuchte Künstler.

Helau heißt es in Frankfurt, wenn zu Faschingssitzungen der Elferrat den Abend eröffnet und moderiert. Die über 100 Jahre alte Bornheimer Karnevals-Gesellschaft von 1901 feierte ihre Sitzung 1934 in der „Schützenhof-Narrhalla". Zu Beginn des neuen Jahrtausends finden die Prunksitzungen in der Bornheimer Nachbarschaft, im Zoo-Gesellschaftshaus statt. Inzwischen hat man sich mit der Frankfurter Karneval Gesellschaft „Narrhalla" zusammengeschlossen.

Vielleicht sind doch Sarah Winkelmann und Sabrina Koch, zwei goldige Böbbcher der FKG „Narrhalla", ein Grund dafür, dass die beiden Karnevalsvereine gemeinsame Veranstaltungen organisieren. Genauso fotogen wie Sarah und Sabrina präsentieren sich 1930 die Schwestern Erna und Mariechen dem Fotografen. Sie sind die Töchter des legendären Fritz Herbener, des schon häufig erwähnten „Dicken Fritz". Sein Enkelsohn, Dieter Müller, fand dieses Foto seiner zu Fassenacht extra erblondeten Mutter in alten Familienalben.

Wenn sich in unseren Tagen sonntags der große Fastnachtszug am Frankfurter Nizza zur Abfahrt durch die Stadt sammelt, ist auch das „Westenberger-Schiff" von den 01ern aus Bernem zum Ablegen bereit. Waren das zu Beginn der Fünfzigerjahre Zeiten, als der große Umzug noch durch die Berger Straße führte und in der Schauburg „Ein Amerikaner in Paris" gespielt wurde. Ein Stück weiter oben im Berger Kino ist die Zeit alter Kintopherrlichkeit bis heute stehen geblieben. Man sieht die Begeisterung in Günter Graefs Augen, der schon als Jugendlicher seinem Hobby als Filmvorführer nachging, wenn er von der „Flohkist" gleich um die Ecke in der Wiesenstraße spricht: „Die Leute mussten nach dem Krieg als Eintrittsgeld Briketts mitbringen, damit das Kino geheizt werden konnte."

Diese
Bücher aus
Ihrer Region sind
im Handel erhältlich:

Sutton Verlag

BÜCHER AUS IHRER REGION

Leben in Sachsenhausen
(Bigi Jacobs)
3-89702-005-X / 14,90 €

Was war los in Frankfurt 1950-2000
(Monika Carbe)
3-89702-268-0 / 10,00 €

Der Frankfurter Flughafen
(Michael K. Wustrack)
3-89702-548-5 / 17,90 €

Der Taunus in alten Fotografien
(Rudolf Krönke)
3-89702-097-1 / 14,90 €

Der Taunus. Dichter – Fürsten – Fotografen
(Rudolf Krönke)
3-89702-498-5 / 17,90 €

SUTTON VERLAG